My Little Notebook

心玲小語

林志玲
chiling ♥

生命中，有許多突如其來的變動；

有低潮，當然也會有發光的時候。

這是一本我的筆記本～

記錄著，

每個階段，不同的體悟。

提醒自己，

用溫柔飽滿的心去對待這個世界。

學習勇敢面對，

也要懂得適時放下。

也許有幾句話，
能從我的心，走到你心中。
希望能在你需要時獲得力量，
　　在你孤獨時感受溫暖，
　　在你挑戰時陪你衝刺，
　　在你失落時看見希望，
　　在你釋懷後會心一笑。

一起學習～
珍惜·感謝·
和好好的愛自己。

志玲

chiling
心玲小語

Narration voices by
中文：志玲姊姊 @chiling.lin
日文：Akira@exileakira_official
英文：Kento Nakagawa@kentonakagawa1991

掃描 QRCODE，一起聆聽心玲小語。
Please scan the QRCODE above and
let's listen to this spiritual journey together.

執着するかしないかは、
全て自分次第。
手放すことで、
美しい空が広がるかもしれない。

To know whether to hold on or to let go,
is such a difficult art to master.
Try letting go,
because maybe there is something more
beautiful waiting for you around the corner!

收與放，
這門課程好難。
放手，
也許有更美麗的轉彎。

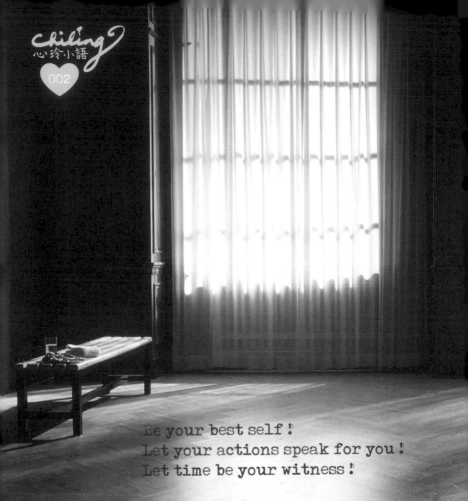

Be your best self!
Let your actions speak for you!
Let time be your witness!

自分らしく生きる。
言葉ではなく行動で示せば、
きっと時が証明してくれる。

做好自己~

讓行動說話！
讓時間証明！

chiling
心玲小語

003

時には、好きなものを選ぶのではなく、
自分が選んだ物事に愛情を注ぐこと！

Sometimes, it may not be about choosing
to do what you love,
but about loving what you do！

志玲姊姊慈善基金會
Chiling Charity Foundation

謝謝您支持心玲小語，
趕快下載我們的心玲音頻，
聆聽志玲姊姊的溫柔中文、
姊夫Akira的磁性日文，
和最標準的英文教學，

立即掃描最新QRCODE

跟著志玲姊姊一起
走一趟心靈療癒的旅程吧！
用心聆聽心玲小語，
學習好好愛‧自‧己～

有時候
不一定是選擇喜歡的事去做～

而是，
　　喜歡你所做的事情！

考え方を変えると、人生も変わるよ。

A change of perspective leads
to a life transformed.

一個轉念，
人生也跟著改變。

いくつになっても10代の童心、
20代の積極的で楽観的な姿勢、
30代の若々しい魅力、
40代の知性と柔軟さを忘れてはいけません。
人生はどの段階でも実に素晴らしい。

Regardless of which stage of
life you are at, never forget
a ten-year-old's innocence,
a twenty-year-old's proactiveness and optimism,
a thirty-year-old's youthful charm,
a forty-year-old's wisdom and worldliness.
Life, at each stage, can all in fact be wonderful!

不論什麼階段，都勿忘～

十歲的赤子之心，
二十歲的積極樂觀，
三十歲的青春魅力，
四十歲的智慧圓融。
人生，每個階段，
其實可以都挺好！

There are ups and downs in life,
as long as you are moving forward,
it is all good.

人生は山あり谷あり。
歩みを止めることなく前進し続ける
ことに意味がある。

日子有起有落，
脚步依舊前進，
就是好的 ∪

優しい言葉で伝えてみましょう。
怒りの言葉で後悔しないようにね。

Could we all—
communicate with kind language,
and not hold regret over angry words.

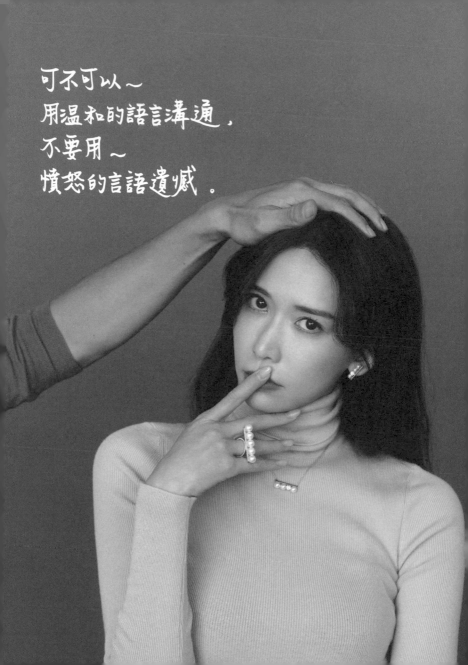

可不可以～
用溫和的語言溝通，
不要用～
憤怒的言語遺憾。

心玲小語
008

心の奥に優しさを育み、骨に強さを刻もう。

Let us embrace kindness that grows
from the bottom of our hearts,
and resilience engraved in our bones.

讓我們擁有，
長在心底的善良，
刻在骨子裏的堅強。

人生には低迷期がある。焦らず、華麗に変身するチャンスと捉えよう。

There will always be low moments in life—
what you should do is just take them as
your opportunities to go through profound
transformation!

人生總有低潮，
將它視為
可以華麗轉身的機會！

人總是在最脆弱時，
　發現自己可以堅強。

Even when you feel the most
vulnerable, there is always strength
you can find in yourself.

どれだけ自分が弱いと感じても、
自分のどこかに必ず強さがあるはずと
私は信じている。

當你努力堅強時，
也請容許自己可以有一點點脆弱。

While you try so hard to be strong,
allow yourself to have that little
space to be vulnerable.

強くなろうと努力している中でも、
たまには自分の弱さを見せてもいいよ。

Kindness is what makes you beautiful.

人は優しいがゆえに美しい。

人，因為善良而美麗！

Don't try to change other people-instead,
change your own expectations or perspectives,
then you might find yourself feeling better !

誰かを変えるより、
自分の考えや人への期待を変えた方が、
もっと楽しくなるかもよ。

不要試著去改變任何人，
改變自己的期待或想法，

可能會快樂些！

chiling
心玲小語
013

Happiness doesn't come from one's
personality but one's talent and effort !

幸せは天性のものではなく、
自分で育てるものです。

快樂不是一種性格，
而是一種能力！

There are **three things** one cannot
hold onto-
life, time, and love.

人が引き留められない物は三つある。
人生、時間、そして愛。

人生有三樣東西無法挽留 ～
生命‧時間‧愛

知恵とは、
自分の足で歩き、経験し、
感じてきて身に付くもの。
身についた知恵は自分の人生図書館からいつでも
取り出すことができます。

You must walk through,
experience and feel yourself to
distill your own wisdom, which
you can then access any time
in your own life's library.

走過～
　經歷過～
　　感受過～
才是屬於自己的智慧。
在人生的圖書館中，
隨時可存取。

生きている限り、変えることが出来る！

As long as our hearts are still beating,
any change is possible！

只要心還在跳的一天，

就能有所改變！

Everyone has a "sun" in their heart,
find your way to let it shine!

人は必ず、自分だけの"心の太陽"を持っている。
それぞれの"輝き方"を見つけよう。

怒りはエネルギーと時間の無駄遣いです。
ポジティブに捉えるもネガティブに捉えるも、
全て自分次第。
課題としっかり向き合うことで物事は解決され、
前に進めます。

Anger drains your energy!
Eventually, you will realize that
anger cannot solve your problem.
You shall come to learn to face,
solve and let go of your problems,
and set off on a new journey on your own!

生氣,浪費力氣!

最終你會發現~

生氣無法解決問題!

只有自己學習去

面對.解決.放下.啟程!

Generosity and attitude are what
determine a person's altitude !

品格は、その人の " 人柄 " と " 態度 " で決まる。

氣度和態度決定一個人的高度。

Speak **humbly**,
execute properly.

自己主張は最小限に、
物事は最大限にこなす。

把話說小，把事做好。

chiling
心玲小語
021

自分の価値は他人に証明する必要はない。
自分で決めるもの。

I don't need to prove myself to others.
Only I can determine
my self-worth!

我不需要證明給他人看！
我決定～
我自己的價值！

 Desires may make you forget
what you already have.
Take a look at what you own.
Maybe you already have it all.

 欲は、自分が持っているものさえ
見失わせてしまう。じっくり見てみよう。
実は足りないものは、
１つもないかもしれない。

因為想要~
　而忘記自己所擁有的。

　看見自己所擁有的~
　　　也許你已無缺。

chiling
心玲小語

Today, to bring you a smile,
I bring myself a smile.
Happiness is as simple as that.

今日も私の笑顔で相手を笑顔にする。
幸せはそれだけでやってくる。

今天，

讓自己微笑～

也讓另一個人微笑～

幸福，就是這麼簡單！

If there is a shadow in front of you,
turn around-
because sunshine is just right behind you.

目の前に影があったら心を閉ざすのではなく、
勇気を持って振り返ってみよう。
あなたの後ろには、
大きな太陽が温かく見守り微笑んでくれてる。

如果身前有陰影，
回頭~
那是因為陽光在你身後。

勇気があっても困難を克服できるとは限らない、
でも勇気がなければそこに留まるだけです。

Courage doesn't necessarily
overcome difficulties,
but without it,
you end up staying where you are.

有勇氣不一定能克服困難，

但沒有勇氣，

你只能停在原地。

Your past can build your future,
but it can't define your future.

過去の経験は未来を切り拓く力になるが、
未来を決めることはできない。
未来は今の自分が創り出すもの。

過去可以成就未來，
但不能夠定義未來。

女性にとって大切なのは、
年齢と言う＂数字＂ではなく、
人生と言う物語なのです。

To women, it is not age that matters.
What's relevant is how many stories
they have to tell.

屬於女人的數字，不是年齡，而是故事。

In this world, only a loving relationship,
not age - should determine the right
timing for marriage.

結婚は、感情によって結ばれるもので、
年齢によって縛られるものではない。

世上只有該結婚的感情，
沒有該結婚的年齡。

愛があるから優しくなれる。
愛があるから怖くない。
愛があるから無邪気になれる。
愛があるからチャーミングになれる。

Because of love, we are tender.
Because of love, we are fearless.
Because of love, we are innocent.
Because of love, we are charming.

因為愛，柔軟

因為愛，無懼

因為愛，天真

因為愛，迷人

Put down your burden and you will find
your mind lighter and your horizon wider.

人生で背負う重荷を少し減らしてみよう。
それだけで心は軽やかになるし、
視野も広くなる。

減重
放下生命中超重的行李！

你將發現～
心境更輕盈！

視野更廣闊！

chiling
心玲小語

031

年齢を逆らえることはできないけど、
フレッシュな自分を保つことはできる。
自身の新鮮さを保つ秘訣は、進歩し続けること。

I can't age backwards but
I can always stay
young and fresh by improving myself,
and becoming a better-self.

Having the bravery to say no
is also a form of courage!

恐れずに NO と言うことも勇気の一つです。

勇敢説不～
也是一種勇氣！

二人で過ごすと二人分の幸せがある。
一人でも独りならではの気楽さがある。

Being a couple affords a certain type
of happiness,
but solitude also has what it has to
offer- its own freedom and happiness !

自分の学び、
自分の価値観、
自分の魅力に磨きをかける事は、
他人に奪われることのない大きな財産になる。

Invest in your learning, your values,
and your elegance and charm.
These are the fortunes that no one can
take away from you.

投資自己的學習，
　自己的觀念，
　自己的魅力，
是他人拿不走的財富。

物事に悩まされているのではなく、
物事の捉え方に悩んでいるの。
見方を変えるといいかもしれない。

I am not bothered by the matters but by
the perspective on the matters.
How about-try to change a perspective ?

我不是對事情困擾著，
而是對事情的看法困擾著。

不如，換個看法？

You can only get a good night's sleep
when you stop comparing.

何事も気にせず、他と比較せず、そうすると、
悩まずに良い眠りが得られるよ。

不比較
不計較
才能睡個好覺

With a little seed of HOPE,
you can grow a field of positivity.

小さい希望の種が一つあれば、
それが何時しか、
美しい大草原になる。

希望！
一顆種子可以
變成一片原野！

Maybe you fell yesterday,
but allow yourself to reset
and restart again in the morning.
Each day, the sun is brand-new.
Each self of you is irreplaceable.

昨日つまずいたとしても、
朝起きたときにはリセットしよう。
毎日新しい太陽は登ります。
誰もがかけがえのない存在。

也許昨天跌倒了，
今早起床時，
讓它重新歸零。
每天的太陽都是新的。
每一個你都是不可取代的

どんな自分になりたいかで、今の選択が決まる。

Make the right choices so you'll
become the person you want to be.

你想要成為什麼樣的自己，
現在就做什麼樣的選擇。

心を広く持てば、
世界が広がる。

How wide the world is depends
on how big your heart is!

心有多大，
世界就有多大！

永遠の闇はない。希望を持っていれば必ず、明るい光が差し込むはず。

No darkness is eternal.
Keep your hope up and it will
bring you the light to warm
you up eventually.

不會有永遠的黑暗，
帶著希望，
一定可以迎來溫暖的光明！

Integrity is what makes you shine.

良き品格があれば、人は自然と輝く！

擁有好的品格,
讓你自帶光芒!

Don't waste your time!
Don't waste your youth!

時間を無駄にせず、
青春を謳歌しよう。

不枉費時光！
不辜負青春！

The most luxurious gift is time-
so, please spend it on the people and
things that you care about the most.

最も贅沢な贈り物、それは時間。
だから大切な人や物事に、
思いっきり時間を使ってね。

最奢侈的禮物，
就是時間～
所以，
請花在你所在乎的人事物上。

Treasure, and treasure more .
Don't wait until it's too late .

後悔しないように、手遅れにならないように、
今を大切にしてね。

珍惜，
不要等到來不及。

Live in the moment.
Please live to make the
present into the best of times.

今を生きまよう。
今を大事にして、
最高の時にしてね。

活在當下，請把現在，
活成最好的時光。

Lower your expectations,
rely less on others.
A simple mind is key to happiness.

人に多くを求めないことが、
ハッピーになる秘訣。

期待降低～
依賴減少～
心一簡單
人就快樂！

人に親切にしてもらうことを当たり前と思ってはいけない。感謝の気持ちはきちんと伝えるべき。

People are not obliged to be nice to you.
Every appreciation needs
to be properly expressed.

別人對你的好，
沒有理所當然。

所有的感謝，
都該好好表達。

広い心を持ち、
他人を許そうとする事は、
自分自身を解き放つことでもある。

If your heart is big enough,
you will see that granting forgiveness to
others will also set yourself free.

心若強大，
試著原諒別人，
就是放過自己。

050

May we always stay warm and positive,
and live our lives the way we long for.

優しくポジティブに自分らしく生きていく。

願一生溫暖向陽，
活成自己嚮往的模樣。

The power for a change can be found when you change your mindset.

自分を変える力を見つけるには、
まずは、心の持ち方を変えてみよう。

Live with love,
and **you** shall find **your** happiness.
Work with love,
and **you** shall meet **your** better self.

愛がある生活をすれば、
幸せになれる。
愛を持って仕事をすれば、
より良い自分に出会える。

用愛生活，
就有幸福。
用愛工作，
可以遇見更好的自己。

If my path is being influenced by
voices of others,
then I'll never ever be myself......

他人の声で自分の道が左右されるようでは、
永遠に自分らしく生きることができない。

如果因他人的聲音起伏
而左右了我的前進，

那就永遠也不能 ～
好好做自己了……

Life doesn't always go as you wish;
our regrets give us the drive to continue
the pursuit.

人生は思い通りにいかないもの。
挫折があるからこそ、追い求める。

生活豈能百般如意．
有一些遺憾～
我們才會～
有所追尋．

みんなに好かれようとせず、平常心で人や物事
に接することが大事。

You can't make everyone likes you,
so let it go with the flow and be yourself!

不可能讓所有人都喜歡你~
就讓自己,
平常心待人接物。

chiling
心玲小語
056

Think properly, perform practically,
learn deeply, and live joyfully.

正しく考え、実直に行動し、
深く学び、楽しく生きる。

正確的想
實在的做
愉快的活
深刻的學

怒りや恨みを持つ人は、
あなたに「私は強い」と言い、
愛がある人は「君は強い」と言う。

Those filled with anger will say
"I am strong",
those filled with love will say
"You are strong".

有怒的人告訴你～
他很強大。
有愛的人告訴你～
你很強大。

058

Love is an instantaneous gift you receive.
It asks you to be tolerant, courageous,
selfless, compromising, and innocent, so that
the instant becomes a company of a lifetime.

愛はその瞬間の素晴らしいギフト。
包容力、勇気、無私の心、譲り合い、
無邪気があれば、愛が継続し、
その一瞬を一生のものにすることができる。

愛，是一瞬間的禮物，
需要包容·勇氣·無私·妥協·天真，
才能將一瞬間，化成一生的陪伴。

One's heart needs determination
and strength, yet it also needs
humility and compassion.

人は、心に信念と強さと共に、
謙虚さと思いやりを持つべき。

人的內心必須爭氣和強大，
也必須謙遜和慈悲。

How blessed that I love to laugh！
When I laugh,
the life doesn't feel that bad after all！

幸いなことに、私は笑うことが大好き！
自分の人生を笑い飛ばせれば、
さほど酷いものでもないよ！

We won't always do everything right,
but we always have to stay true to
our hearts and live with a clear
conscience."

全てにおいて正しことをするは限らないが，
心に恥じることなく生きよう。

也不是凡事都對
而是活得問心無愧！

Today is a day for me to heal myself.

今日は自分を癒す日。

今天是被自己療癒的一天。

The happiness of sharing far exceeds
that of keeping it to yourself！

楽しさは独り占めよりも、
分かち合ったほうが何倍も楽しい！

064

Trust is mutual. In order to gain trust, one must first show their trust. Trust is the foundation for everything to move forward.

信頼は、お互いにするもの。信頼を得るには、まず自分から相手を信頼しなければならない。

信任是互相的。
要得到信任，
必須先付出信任。

信任，
是讓任何事情繼續前進的基礎！

You don't need to pursue the perfect happiness,
leave some space for breathing
that much of happiness could be just right.

完璧な幸せを追い求めずに、
少し立ち止まって、
幸せはすぐ隣にある。

幸福不追求太滿
　留些呼吸的空間~
此時
　幸福感剛剛好。

066

Never forget why you started,
always remain true to yourself.

初心は忘れないでね。

不忘初心。

chiling
心玲小語

Special Thanks

Narration voices by
中文：志玲姊姊 @chiling.lin
日文：Akira@exileakira_official
英文：Kento Nakagawa@kentonakagawa1991

Photography
Kentaro Minato@kentarominato1980

小語 6, 9, 27, 52-TAKAY@Takayofficial
special thanks and credits from ELLE Taiwan.

小語 7- 時尚 COSMO/ 攝影 ZACK 張悅

小語 46-Longines

Chiling and friends

秋雨創新股份有限公司

瞭解志玲姊姊基金會
To understand us

聯繫志玲姊姊基金會
To contact us

支持志玲姊姊基金會
To support us

My Little Notebook 心玲小語

作　　　　者	林志玲 CHILING LIN
企 畫 統 籌	財團法人臺北市志玲姊姊慈善基金會
執 　行 　長	ANNE HSIAO
創意設計主編	SUNNY CHEN
漫 畫 人 物	阿推的漫畫 AH TUI-PUSH COMIC ©2021
地　　　　址	106 台北市大安區羅斯福路二段 105 號 5 樓之一
電　　　　話	+886-2-2366-0793
郵　　　　箱	chilingjj@chilingjj.org
官　　　　網	www.chilingjj.org
出 　版 　社	商周出版
印　　　　刷	秋雨創新股份有限公司
版　　　　次	2021 年 11 月 01 日 Printed in Taiwan
I　S　B　N	978-626-318-024-6
定　　　　價	660 元

圖書館出版品預行編目 (CIP) 資料

心玲小語 My little notebook/ 林志玲 作 . -- 初版 . -- 台北市：
商周出版：英屬蓋曼群島商家庭傳媒股份有限公司城邦分公司發行，
民 110.11
160 面；13 x 17.5 公分分
ISBN 978-626-318-024-6（平裝）

177.2   110016477

Colorful 32

心玲小語
My Little Notebook

作　　　　　者　林志玲 CHILING LIN
企　畫　統　籌　財團法人臺北志玲姊姊慈善基金會
執　　行　　長　ANNE HSIAO
創 意 設 計 主 編　SUNNY CHEN
漫　畫　人　物　阿推的漫畫 AH TUI-PUSH COMIC ©2021

版　　　　　權　黃淑敏、吳亭儀、江欣瑜、林易萱
行　銷　業　務　周佑潔、張婍茜、黃崇華、賴正祐
總　　編　　輯　何宜珍
總　　經　　理　彭之琬
事 業 群 總 經 理　黃淑貞
發　　行　　人　何飛鵬
法　律　顧　問　元禾法律事務所 王子文律師
出　　　　　版　商周出版
　　　　　　　　台北市 104 中山區民生東路二段 141 號 9 樓
　　　　　　　　電話：(02) 2500-7008　傳真：(02) 2500-7759
　　　　　　　　E-mail：bwp.service@cite.com.tw　Blog: http://bwp25007008.pixnet.net./blog
　　　　　　　　英屬蓋曼群島商家庭傳媒股份有限公司城邦分公司
發　　　　　行　台北市 104 中山區民生東路二段 141 號 2 樓
　　　　　　　　書虫客服專線：(02)2500-7718、(02) 2500-7719
　　　　　　　　服務時間：週一至週五上午 09:30-12:00；下午 13:30-17:00
　　　　　　　　24 小時傳真專線：(02) 2500-1990；(02) 2500-1991
　　　　　　　　劃撥帳號：19863813　戶名：書虫股份有限公司
　　　　　　　　讀者服務信箱：service@readingclub.com.tw　城邦讀書花園：www.cite.com.tw
　　　　　　　　城邦（香港）出版集團有限公司
香 港 發 行 所　香港灣仔駱克道 193 號超商業中心 1 樓
　　　　　　　　電話：(852) 25086231 傳真：(852) 25789337 E-mailL：hkcite@biznetvigator.com
　　　　　　　　城邦（馬新）出版集團【Cité (M) Sdn. Bhd】
馬 新 發 行 所　41, Jalan Radin Anum, Bandar Baru Sri Petaling,
　　　　　　　　57000 Kuala Lumpur, Malaysia.
　　　　　　　　電話：(603)90578822　傳真：(603)90576622 E-mail：cite@cite.com.my

印　　　　　刷　秋雨創新股份有限公司
經　　　　　銷　聯合發行股份有限公司　電話：(02)2917-8022　傳真：(02)2911-0053

2021 年（民 110）11 月 01 日初版
定價 660 元
ISBN 978-626-318-024-6
Printed in Taiwan

城邦讀書花園
www.cite.com.tw